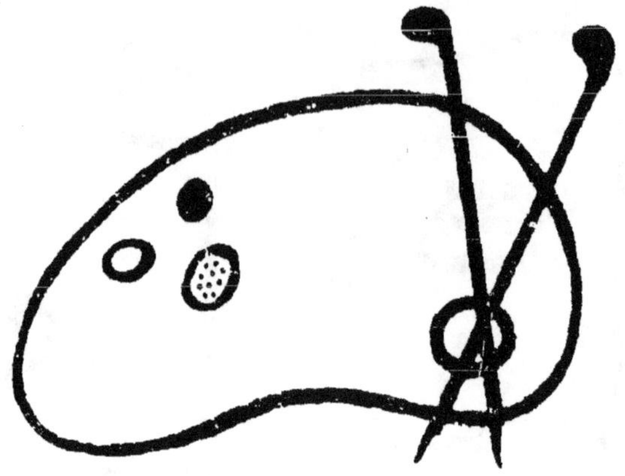

Original en couleur

NF Z 43-120-8

UN

NOUVEAU MANUSCRIT

DE LA

RÈGLE DU TEMPLE

PAR

J. DELAVILLE LE ROULX

(Extrait de l'*Annuaire-Bulletin de la Société de l'Histoire de France*, XXVI, p. 185-214.)

PARIS
1890

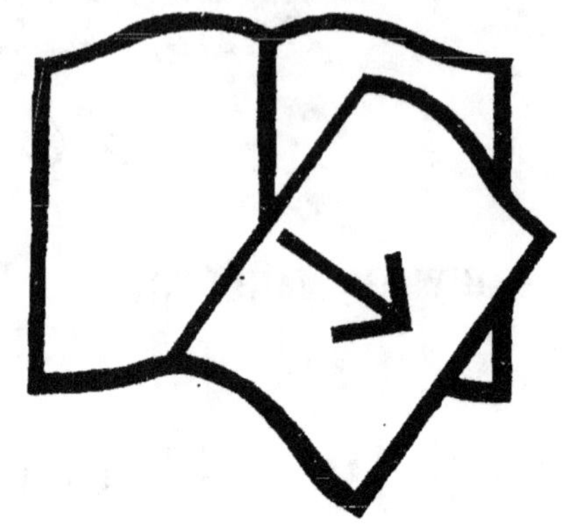

Couverture inférieure manquante

UN
NOUVEAU MANUSCRIT
DE LA
RÈGLE DU TEMPLE

PAR

J. DELAVILLE LE ROULX

(Extrait de l'*Annuaire-Bulletin de la Société de l'Histoire de France*, XXVI, p. 185-214.)

PARIS
1890

UN
NOUVEAU MANUSCRIT
DE
LA RÈGLE DU TEMPLE[1]

Personne n'ignore la rareté des manuscrits qui contiennent la Règle des Templiers; le dernier éditeur de celle-ci, M. de Curzon[2], n'en a connu que trois, ceux de Paris, de Rome et de Dijon : une heureuse fortune nous permet d'en signaler aujourd'hui un quatrième, que nous avons découvert aux archives de la couronne d'Aragon à Barcelone, où il porte le n° 3344 des « Cartas Reales. » Il avait jusqu'ici échappé à toutes les investigations. C'est un petit volume, en papier, d'un format réduit (hauteur 0^m45, largeur 0^m45), incomplet dans son état actuel, et comprenant 70 feuillets, répartis en cinq cahiers non reliés entre eux. Il est écrit à longues lignes; des rubriques rouges ou vertes appellent l'attention sur les divers articles. Les vers, malheureusement, ont rongé le texte en plus d'un endroit. Dans son état primitif, le manuscrit devait, selon toute vraisemblance, contenir, avant le folio 4 actuel, plusieurs

---

1. Ce travail a été lu à l'Académie des inscriptions et belles-lettres dans la séance du 22 mars 1889.

2. *La Règle du Temple*, publiée pour la Société de l'histoire de France en 1886.

feuillets ou cahiers, aujourd'hui perdus ; si l'examen du document ne permet pas l'affirmation absolue sur ce point, des considérations d'un autre ordre, que nous indiquerons plus bas, l'autorisent et la justifient. Le texte, tel qu'il nous est parvenu, se poursuit sans lacunes, sauf deux pages restées blanches (fol. 46 *b* et 47 *a*) ; mais le dernier folio actuel (fol. 70) n'était pas originairement le dernier, et le manuscrit est certainement incomplet par la fin.

Les caractères paléographiques permettent d'assigner à la Règle de Barcelone, comme date, les dernières années du XIIIᵉ siècle. Copiée sur un texte français, elle a été émaillée par le copiste d'une grande quantité de mots appartenant à la langue d'oc, sans avoir cependant été traduite en provençal ou en catalan. Émane-t-elle d'un scribe vivant en Terre Sainte ou à Chypre ? Est-elle plus particulièrement languedocienne ou catalane ? La question est délicate à résoudre. Quelques habitudes orthographiques (*x* ou *xh*, *g* ou *j* pour représenter le son chuintant *ch*) semblent plus spéciales au catalan, et le texte contient un certain nombre d'exemples particuliers, — inconnus des autres exemplaires de la Règle, — qui tous se rapportent à l'Aragon et à la Catalogne ; mais rien n'est assez caractéristique pour autoriser une conclusion absolue. L'origine du manuscrit n'est pas difficile à déterminer : nous sommes, à n'en pas douter, en présence de l'exemplaire de la Règle que possédait le maître du Temple en Aragon et en Catalogne. Rien, il est vrai, n'indique cette propriété ; mais, si l'on songe que les Règles étaient très rares chez les Templiers, et que celles qui ont subsisté proviennent des chefs-lieux des grands prieurés de l'ordre, on n'hésitera pas à attribuer la possession de celle de Barcelone au maître d'Aragon et de Catalogne. Une remarque accessoire corrobore cette hypothèse : à l'endroit où il est question de la réception des frères (fol. 15-21), les pages du manuscrit sont beaucoup plus fatiguées qu'ailleurs, et témoignent, par leur état même, que cet exemplaire servait au maître d'Aragon lors des réceptions dans l'ordre. La présence enfin du manuscrit aux archives de la couronne d'Aragon n'a rien qui aille à l'encontre de l'origine que nous lui assignons. On sait que le roi d'Aragon, d'abord hostile à la suppression des Templiers dans ses états, ne consentit à la transmission de leurs biens aux Hospitaliers qu'à la condition de s'en réserver personnellement une partie; les archives suivirent le sort des commanderies : elles furent, comme elles, partagées entre l'ordre de l'Hôpital et le roi d'Aragon. Ainsi s'explique que la Règle ait été conservée aux archives d'Aragor à côté des splendides cartulaires du Temple qui sont un des plus beaux ornements de ce dépôt incomparable.

La Règle du Temple, telle que nous la connaissons par la publication de M. de Curzon, se compose d'éléments distincts, juxtaposés les uns aux autres, et non fondus ensemble: c'est un recueil de règlements, plutôt qu'un code. Une première partie comprend la règle primitive, celle que saint Bernard donna, dit-on, lors du concile de Troyes, à l'ordre naissant[1]; elle est suivie des statuts relatifs aux droits et devoirs des grands dignitaires du Temple et d'un chapitre concernant l'élection du grand maître. Une seconde partie renferme le code pénal et les ordonnances réglant la vie conventuelle des Templiers et la tenue des chapitres ordinaires[2]; une sorte d'appendice donne un commentaire sur le code pénal, avec exemples à l'appui, et détermine le cérémonial de la réception des frères dans l'ordre. Le manuscrit de Barcelone, dans son état actuel, ne comporte plus que la seconde partie, celle qui concerne la pénalité et la vie conventuelle; mais il n'est pas douteux que, dans son intégrité, il ne contînt, avant ce qui nous est parvenu, la règle primitive et les statuts hiérarchiques. Nous avons déjà remarqué que l'examen du volume laissait soupçonner la lacune du début; à défaut de ces soupçons, le simple bon sens indique qu'on n'a pu imaginer de recueillir les dispositions relatives au code pénal et aux règlements conventuels du Temple, sans les faire précéder de la Règle primitive et des statuts hiérarchiques, bases

1. Prutz (*Die Templerregel*, dans *Kœnigsberger Studien*, I, p. 147-180) établit que cette règle n'émane pas de saint Bernard, puisqu'elle contient des dispositions empruntées à la règle de saint Benoît, qu'elle ne fut pas donnée par l'abbé de Clairvaux au concile de Troyes (1128), auquel il n'assista pas, et qu'elle n'est pas antérieure aux années 1130 à 1135.

2. Prutz (*ibid.*) essaie un classement chronologique des diverses parties de la Règle et de ses appendices; ses conclusions méritent d'être examinées avec attention.

fondamentales de l'ordre. On pouvait, au contraire, comme cela s'est produit dans le manuscrit de Dijon, ne transcrire que la Règle primitive et les statuts hiérarchiques, soit parce que cette transcription suffisait aux besoins des maisons d'ordre inférieur [1], soit plutôt parce qu'à l'époque où la Règle de Dijon a été transcrite, la pénalité n'était pas encore fixée.

M. de Curzon distingue quatre rédactions successives dans ce recueil de textes, formé sans revision, parfois sans divisions. Des trois copies par lesquelles il nous est connu, deux sont complètes : ce sont celles des manuscrits de Paris et de Rome, qui datent des dernières années du xiiie siècle. La troisième, celle de Dijon, ne comprend que la première partie du recueil (Règle de saint Bernard [2], statuts hiérarchiques et élection du grand maître) et remonte au commencement du xiiie siècle ; mais toutes trois procèdent d'une source originale commune, d'un texte unique, auquel elles ont puisé.

En est-il de même pour le manuscrit de Barcelone ? Nous ne le croyons pas. Il se peut que le rédacteur ait eu devant les yeux les mêmes textes que les rédacteurs des Règles de Dijon, de Rome et de Paris ; cela est même probable : mais il s'en est servi autrement. Ce qui caractérise les Règles du Temple, c'est l'absence de toute codification ; le même objet, la même prescription figurent à trois ou quatre endroits. Dans le manuscrit de Barcelone, le souci de la codification se fait jour ; ce n'est pas encore un classement méthodique, mais une tentative de groupement analytique. Ainsi, tout ce qui concerne les chapelains a été réuni sous un même chef ; des transitions sont observées pour certains passages que les Règles de Paris et de

1. Curzon, *Règle du Temple*, p. vi. Nous croyons que ni la Règle ni les Retrais n'étaient aux mains des commandeurs, et, contrairement à l'opinion générale, nous pensons que les commandeurs des provinces en possédaient seuls un exemplaire ; la distinction établie entre la Règle et les Retrais nous semble subtile. Cf. Knœpfler, *Die Ordensregel der Tempelherren*, dans *Historisches Jahrbuch*, 1887, p. 666-695 ; H. Prutz, *Die Templerregel*, dans *Kœnigsberger Studien*, I, 147-180.

2. M. de Curzon a donné le texte latin de la Règle dite de saint Bernard d'après le ms. de la Bibl. nat. lat. 15045. Knœpfler (*op. citatum*, p. 671-95) le redonne d'après un manuscrit nouveau, le ms. lat. 2649 de la bibliothèque de Munich, qui semble meilleur.

Rome nous présentaient sans aucun lien entre eux; d'autres
endroits sont abrégés; les répétitions, si fréquentes dans l'édition de M. de Curzon, deviennent plus rares. Les idées cependant et le fond même de la Règle n'y subissent aucune modi-
fication essentielle : c'est plutôt la forme qui change et qui se
concentre. Enfin la Règle de Barcelone met en œuvre des éléments étrangers à celles de Paris et de Rome; elle nous fournit
un assez grand nombre d'exemples historiques qui lui sont spé-
ciaux, et des ordonnances qu'on chercherait vainement dans les
manuscrits de Paris et de Rome.

Il n'entre pas dans le cadre de cet examen sommaire de faire
ressortir toutes les différences qui distinguent la Règle de Barcelone des Règles précédemment connues. Nous nous bornerons
à signaler les passages sur l'ivrognerie, sur la situation faite aux
Templiers prisonniers des Infidèles et délivrés ensuite, sur les
maladies pestilentielles dont ils pouvaient être atteints (fol. 9 *a*-
11 *b*) et sur l'office de gonfalonier (fol. 69 *a*-70); ces passages
étaient ignorés jusqu'à présent. Mais c'est surtout sur les
exemples historiques qu'il importe d'insister. La publication de
M. de Curzon était déjà très riche en exemples de ce genre : le
manuscrit de Barcelone complète plusieurs d'entre eux en don-
nant des noms aux acteurs de ces faits; il contient en outre une
dizaine de nouveaux exemples qui, presque tous, concernent la
Terre Sainte ou l'Espagne. Citons, parmi ceux-ci, le cas d'un
Templier reçu dans l'ordre sans être fils de chevalier (fol. 49 *ab*),
un événement dont un prieur d'Aragon, frère G. de Cardona,
fut le héros, une très curieuse histoire de falsification de bulles
survenue en Catalogne (fol. 49), et un document du plus grand
intérêt historique sur la perte d'Antioche et de Gastin par les
Templiers en 1268 (fol. 53 *b*-57 *b*) [1]. L'arrivée du sultan Bibars
devant Antioche dont il s'empare, l'anxiété des Templiers enfer-
més, sans armes et sans ordres, dans le château de Gastin, sous
le commandement de frère Guérant de Sauzet, commandeur
d'Antioche, la résolution prise par un simple Templier, Guy de

1. Ce qu'on sait de la prise d'Antioche est résumé dans R. Rœhricht,
Études sur les derniers temps du royaume de Jérusalem (*Archives de
l'Orient latin*, II, 391-392).

Belin, de rendre le château au Soudan, résolution exécutée
pendant le repas des frères, la retraite des assiégés à la Roche-
Guillaume, sont autant de détails précieux pour l'histoire des
Croisades. On pourrait multiplier ces exemples; qu'il nous suf-
fise d'avoir indiqué en quelques mots l'importance du manuscrit
de Barcelone et son intérêt exceptionnel.

Nous espérons que la publication des passages nouveaux que
contient la Règle de Barcelone justifiera la valeur que nous
avons cru devoir lui accorder.

TABLEAU DE CONCORDANCE

DES MATIÈRES CONTENUES DANS LE MANUSCRIT DE BARCELONE

ET DANS L'ÉDITION DE LA RÈGLE DONNÉE PAR M. DE CURZON.

Curzon[1].	Ms. de Barcelone.	Observations.
386, 502, 503.	f. 1.	Avec quelques variantes.
402, 507, 389 (cf. 407, 410).	f. 1 *b*.	Idem.
	f. 2.	Voy. ci-dessous, n°˚ I-IV.
474.	f. 2.	
475, 651.	f. 2 *b*-3.	La fin diffère. Voy. le texte, n° V.
652, 653.	f. 3.	Au lieu des quatre dernières lignes du § 653, le manuscrit de Barcelone porte : « E si di que il sufrira la justiçe de la maiso, e si Deu playt que il se gardara d'aqui en [a]vant, hom lo deit far exir defors deu. »
654, 490, 474.	f. 3 *b*.	B. ajoute ce qui est sous le n° VI; il a pour le § 490 de fortes variantes.
468 - 472, 497, 500, 501, 520, 522, 505, 507.	f. 4-8.	Avec de grandes variantes.
	f. 9 *a b*.	V. le texte, n°˚ VII-X.
	f. 10 *a b*.	V. le texte, n°˚ XI-XIII.
(cf. 443.)	f. 10 *b*-11.	V. le texte, n° XIV.
(cf. 444.)	f. 11 *a b*.	V. le texte, n° XV.
	f. 11 *b*.	V. le texte, n°˚ XVI-XVIII.
	f. 12.	V. le texte, n°˚ XIX-XXII.
268-271.	f. 12-13.	

1. Les chiffres contenus dans cette colonne désignent les paragraphes de l'édition de M. de Curzon.

CURZON.	MS. DE BARCELONE.	OBSERVATIONS.
272-3.	f. 13.	B. ajoute quelques dispositions relatives aux chapelains, notamment celle en vertu de laquelle un frère chapelain nommé évêque porte le manteau blanc s'il est chevalier. Suivent quelques règlements relatifs au port des divers manteaux.
274-278.	f. 14-15.	Le § 274 est précédé dans B. d'un préambule. V. n° XXIII.
657-686.	f. 15-21.	Le texte, très endommagé par les vers, diffère beaucoup, dans la façon dont il est disposé, de celui de M. de Curzon.
224-231.	f. 21.	
232.	f. 21 b.	B. ajoute les n°° XXIV et XXV.
233-259.	f. 21 b-25 b.	
260, 609, 261-267.	f. 25 b-27 b.	B. ajoute au § 609 : « Et fo el tems de maistre frere P. de Montagut. »
545-551.	f. 27 b-29 b.	Variantes considérables dans les exemples.
	f. 29 b, 31.	V. le texte, n° XXVI.
552.	f. 31.	
	f. 31 a b.	V. le texte, n° XXVII.
554-7, 558 en partie, 560.	f. 31 b-33 b.	B. abrège ; il mentionné que l'anecdote donnée au § 556 se passa sous le magistère d'A. de Périgord, et celle du § 560 sous le magistère de Thomas Bérard.
	f. 33 b-34.	V. le texte, n° XXVIII.
578, 579, 581, 563.	f. 34.	B. abrège les §§ 579 et 563. V. le texte, n°° XXIX et XXX.
564-567.	f. 35.	B. abrège le § 567.
574, 575.	f. 35 b.	Variantes importantes.
	f. 35 b-38 b.	V. le texte, n°° XXXI-XXXV.
	f. 39.	V. le texte, n°° XXXVI-XXXVII.

CURZON.	MS. DE BARCELONE.	OBSERVATIONS.
—	—	—
	f. 39 *b*-40.	V. le texte, n°° XXXVIII-XXXIX.
561, 562.	f. 40 *a b*.	B. ajoute que le frère dont il est question au § 561 était allemand. B. nomme le frère dont il est question au § 562 frère Marli.
580, 582.	f. 40 *b*-41.	
583, 563.	f. 41 *b*-42.	B. porte que le chapelain mentionné au § 563 venait, non de Tripoli, mais de Jérusalem.
570.	f. 42 *b*.	B. porte que le frère s'appelait Esteven.
569, 573.	f. 43 *a b*.	B. donne le nom du frère héros de l'histoire du § 573 : fr. G. de Permenteria.
576	f. 43 *b*.	
576, 577.	f. 44 *a*-45 *a*.	
588, 618.	f. 45 *a*-46 *a*.	
	f. 46 *b*-47.	Pages blanches.
619, 620, 591.	f. 47 *b*-48 *b*.	
	f. 48 *b*-49.	V. le texte, n° XL.
	f. 49 *a b*.	V. le texte, n° XLI.
	f. 49 *b*-50 *b*.	V. le texte, n° XLII.
	f. 51 *a b*.	V. le texte, n°° XLIII-XLIV.
	f. 51 *b*-52.	V. le texte, n° XLV.
	f. 52 *a b*.	V. le texte, n° XLVI.
	f. 52 *b*-53.	V. le texte, n° XLVII.
	f. 53-57 *b*.	V. le texte, n° XLVIII.
	f. 58 *a b*.	V. le texte, n° XLIX.
	f. 58 *b*.	V. le texte, n° L.
	f. 59.	V. le texte, n° LI.
585, 606.	f. 60 *a b*.	B., dans le § 585, au lieu de « frere Guiraud de Braies, » donne « frere Richart de Bures. »
614, 615.	f. 60 *b*-61.	
646, 617.	f. 61 *b*-62.	Avec d'importantes variantes, dont la principale est la mention de maître Thomas Bérard.

CURZON.	MS. DE BARCELONE.	OBSERVATIONS.
	f. 62 *b*-63 *b*.	B., jusqu'au fol. 66, est très abimé par les vers ; on y distingue cependant qu'il s'agit d'une histoire de Sarrasins à Tortose.
	f. 64.	— de deux frères ivrognes.
	f. 64 *b*.	— d'une histoire où figurent les frères Gy et Dider.
	f. 64 *b*-65 *b*.	— d'un frère malade à Damiette.
	f. 65 *b*-66 *a*.	— de deux frères allemands qui s'emparent des manteaux.
	f. 66 *a*-67.	V. le texte, n° LII.
	f. 67 *a b*.	V. le texte, n° LIII.
603, 605, 607, 608, 610.	f. 67 *b*-68 *b*.	
	f. 69.	Place réservée pour une grande lettre en couleur qui n'a pas été exécutée.
	f. 69-70 *b*.	V. le texte, n° LIV.

MANUSCRIT DE BARCELONE[1].

I. (*Fol.* 2.) — E si nuil frere disoit en xhapitre alguna parola que dir ne deuse, un autre frere li pot dire sens mover de... : « Vos dites mal, et cries merci. »

II. — Frere ne deit a frere laxer sa falia traire de xhapitre ; e se il la laxe traire, e autre xhapitre li volie mostrer assestui frere, qui a l'autre la lexa traire, sa falia de xhapitre, et no li mostra, penre pot hom en lui qant que hom deit pendre en frere, salv son abit ; e a l'autre frere segons so que il aura fait e li autre frere voudrant.

III. — E frere que geist en l'enfermaria ne pot rependre li enfermers, ne autres freres, tant com il y est ; mas pus que il en est esus il le repenre.

IV. — En qualque manera frere trespasara lo comandament de la maiso, hom pot penre en lui qant que hom pot penre en frere, salv son abit ; car nuyll comandament no y ha [p]etit ; hom no pren tant deu (o) dit com deu fayt.

V. (*Fol.* 3.) — (*Fin du* § 654). E si il a faita chosa per que il no la deya recovrer (la maiso), hom li det doner conge de aler salver sa arma en altra religio, e doner carta de conge se il la demanda, ço est a entendre a l'orde de Sent Agusti o de Sent Benehet. E se il no a faita chosa per que la deia perdre, hom ne la li doit tolir, axi com dit es desus, mas hom li pot tenir una peça a la porta segons lo portament de lui.

VI. (*Fol.* 3 b.) — (*Le ms. de Barcelone ajoute ceci au* § 654) : Al chep de l'an e de jorn, hom li deit rendre l'abit ; e puis est a un jorn tant com a Deus e als freres playra. Mas el est use que, al primer manger que il aura fayt ab son abit, hom lo leva de terra. Si hom vol, hom lui pot tenir longament.

---

1. Nous ne publions ici que les passages qui ne sont pas dans l'édition de M. de Curzon. Le texte a été transcrit à Barcelone avec le plus grand soin par notre confrère et ami M. A. d'Herbomez ; mais le mauvais état de conservation du manuscrit, les incorrections nombreuses qu'il renferme n'ont pas permis de l'établir partout d'une façon absolue et définitive.

VII. (*Fol. 9.*) — E si auqun frere est acustume de tant beure que el n'aveya ivre, e il no s'en volia chastier, e hom lui avia esgardea falia, lo maestre ab lo chapitre ly pot dire : « Biau frere, vos estes invroye et nos volez chastier; ora nos vos metem en l'esta (?) que vos prenez de ces .ij. choses qual vos plazia : o que vos demandez conge de la maiso e que vos ales sauver en autra religio, o que vos laxez d[e beure] a toz jors de vestra vida. » E si lo frere pren que la maiso lexara, hom doit doner chartre ques pusque sauver en autra religio. E si il pren que jamais no beura vin, il s'en deit sofrir que jamais non beva si doncs li maestre, per acort deus freres, no l'en donaven lo conge : car per si lo maestre non a poer. E si el en bevist, en era atent, il en perdria la mayso.

VIII. — E si frere mange o bet en loc o no deia, que sia defendu, o chosa que no deia manger, e yl en era (a) (*fol. 9 b*) atent, lis freres li poent esgarder a perdre la vianda, salv lo pan, .j. an e .j. jorn, e tal falia com a ills playra, salv son abit. E le frere no deit manger dins lo terme que li sera esgarde si doncs il no ere malaute en la maiso de l'enfermeria.

IX. — Si alcun frere es blasme de mauvays portament c'on no l'en pot acenier, o d'autre chosa que fos honta ne damage de la maiso, e hom nol pot acenyer, e no s'en vol xastier, e aucuns freres li veu alcun mal senblant far, el ne fa crier merci en chapitre, los freres no li devent esgarder a perdre l'arnes en chapitre; mas el es use que, si la chosa es petita que il aura fayta, los freres lo laxen sur lo coseyl deu maestre. E la cosa porie estre tan gran qe los freres li esgardarient falya, e pus lo maestre ab son consel lui porie far durte.

X. — E [can] lo maestre vout fayre durte a .j. frere, il la deu fayre per conseyll d'una partia dels prodomes qui seran la ou yl sera. Apres, lo meneschal, o celui qui te aquel ofizi, li dira ço que li a este esgarde el conseyl, davant .ij. o .iij. freres. E si il est acorde que hom l'en mande a .j. chastel o a maiso, e que no pas la porta, e que renda son arnes, el lo deit far, e deit rendre son arnes de la mereschalchia au merchau, e da permenteria au draper, e est en cez bescesces[1] e cotes armaures se les estues; e pot retenir sa roba de ves- (*fol. 10 a*) -tir [e de] jasir, e l[a x]arpita e les petites beazes[2]. E lo merechal el draper poent donar l'arnes la hon les

1. Besaces ?
2. Brayes ?

playra. E cant le maestre li vout rendre son arnes, il le doit faire par conseil; e pux li mereschal li pot doner del arnes axi com li senblara, e lo draper ausi.

XI. — El est defendu que hom (que hom) no faça nuil frere de nuil hom que aie este en religio si be yl s'a conge de so major que pusca entrer en autra religio per sa arma salver.

XII. — E si nuil qui eu s'estre[1] nostre frere, que hom li ouse[2] done conge d'entrer en autra religio, e puis el voleyt torner a nos, hom no lo deit recovrer[3], aia este en aura religio o no, pus que el a conge de la mayso.

XIII. — El est acustume en la maiso que, can freres son pris en poder de Sarasins, que eus ne[4] deven porter abit; aussi eus an manteus, o chapes, o jupel d'armer, ne deven lever la croys, car mientre son en preson il no deven aver nuil abit. E si nuil frere deseus esteit bailius qant il fo pris, il est relaxes, que si il esteit delivre aies[5] d'un jorn o de .ij., el no deit user de sa baylia que il tenit, sens conge deu mestre et deu co- (*fol. 10 b*) -vent, si estoit bailiu per chapitre; e si el avoit autra bailia, poreit estre per conge de celui qui l'aureit fayt bailiu. E si nuil dels freres enpre- sones esteyt mande en la chrestiante, il no doit porter abit si no tan solament a les ores e al menger, e lo pot porter mentre que seit en la chrestiante, e quan il tornera en la tera deus Sara- sins il n'en deit punt porter. E quant a Deu playra que nuil de seus freres sien delivres, quan seran venu a la chrestiante, els deven aver lure abits al manger e a les ores, mas els se deven gar- der de porter surs jorns (*sic*) entro que agen parle ab lo maestre o a celui qui te son loc. Eu maestre, ho celui qui te son loc, deu comander que il sien vestu de teus robes com a chascun afer. E les freres devent venir, quant ixen de preso, au maestre o a çelui qui te son loc.

XIV. — El est use de la nostra maiso que si nuil frere esdevent mesel, l'enfermer li doit dire au maestre. Eu maestre deit coman- der a .ij. freres o a .iij. que menen selui frere au maestre de Sent

1. *Corr. :* qui oüst este.
2. *Corr. :* oüst.
3. *Corr. :* recever.
4. *Corr. :* no.
5. *Corr. :* nes, *même*.

Ladre o a celui qui te son loc, e dir, de part nostre maestre, que tel frere est malate de meseleria, segons que hom li fa entendre; don el lo preya qu'el lo fasa garder a sos freres que pus saben d'esta maladia (*fol.* 11). Eu maestre y doit faire aler les milors fiziçians qu'el pora aver. E si les fezisians eus freres de Sent Lazer dien e conexen quel frere no es malaute, el s'er doit torner a la maiso e estre axi con esteit davan. E si els conexen quel frere es meseu, li freres qui ant menet le frere a Sent Laser devent retorner au maestre e dire que li frere es juge per meseu. Adoncs li maistre deit preyer li frere e for prier a .ij. o a .iij. prodomes, que pus que Deus li a done sela maladia, que el deman conge de la mayso e que s'en entre en l'orden de Sent Lazer. Eu frere doit hobeir la preyera deu maistre. (*Cf.* 443.)

E si per aventura le frere ne voloit obeir a la preyera deu maistre, dien los vieus homes de nostra maison queu maistre, ab [acort] deu chapitre, li pot comander que s'en ale a l'orden de Sent Laser; eu frere o a affayre. E hom deu doner au frere tota sa roba de vestir e de jasir, e li deit hom doner un esclave per lui servir, e .j. asen per son givaucher, .l. besanz, e cascun an vestir com .j. frere.

E si en les partides d'oltramer avenoyt que nuil frere fos meseu, lo comandaor de la provincia lo deit faire a malades agarder e a mege, axi com desus es dit, que entre a Sen Laser. E si en la provincia no a orden de çella malaudia, lo comandaor (*fol.* 11 *b*) lo deit fere metre en una maiso, e fare servir a .j. hom, e doner li la roba el vestir com a .j. frere, e la vianda, e doit porter son abit.

XV. — E si esdevent que aucun frere podise si fort l'alende[1] quels altres freres no lo poguesen sofrir, neus meges ne lo poguesen garir, hom lo deit metre a una part e doner li las chosas que li seran besuin, ensi com a .j. autre frere, e deit porter abit; e quant sera garit deit estre ab los autres freres. (*Cf.* 444.)

XVI. — E si a nuyl frere esdeve que sia malade de mal de demoni, hom lo deit metre a porta, e doner las choses que li seran besuin, ausi com a .j. autre frere; e port son abit. E quant sera garit, sia ab los autres freres.

XVII. — E si alcun frere esdeven fora del sen, lo det pendre e metre en ferz en una maiso, per tel que damnage no fasa a nuil

---

1. *Corr.* : alene.

hom, e lever l[i] l'abit, car nuil qui sent[1] en preso ne deit porter abit. Quant il sera garit, hom li det rendre son abit e trayre deus fers, e deit estre com .j. autre frere.

E tot so pot fere li maistre, o qui te son loc, sens chapitre.

XVIII. — Nuil comandaor des provinçias no pot tenir chapitre en autrui baylia, ne far frere sens conge e liçencia del comandaor de la provinzia. Mas can sels comandaors venen desa mer, els poent fere frere en la nau (*fol.* 12), abans q[ue]ls veyen [la ter]ra desa mer. E tos comandaments devent estre tenuz en la bayllia don el es comandaor, e ses chartes devont estre tenues tro que faxa son relaxament.

XIX. — Lo maistre ne pot nuil comandaor de provincia per chapitre fere venir de so[2], si no ab acort deu covent, ne relaxer; mais si es fait per conseil, el lo pot fer venir e relaxer per conseyl.

XX. — Establit[es] el Temple quels comandaors de la terra de Triple e d'Antiocha deven venir cascun an a chapitre la ou lo maestre el covent sia; yl maistre ne pot mander que demorent sens acort del covent.

XXI. — Lo megere frere Gi de Soanay[3] manda a frere Rosoli[4] que ales en Espannya, e que preches la bolla de frere Palayho, comandaor, e que tenges loc de comandaor e charta del maistre, a frere Palayo que rendes la bolla a frere Rosoli. E frere Palayo fe lo comandament e vint deça a Damiata. El covent li dix per que era venuz deza quan il no l'avien mande que ve, e que retornas en sa baylia; e axi lo fist.

XXII. — E si le maistre manda a aucun frere que vage a oltra

---

1. *Corr. :* seit.
2. *Corr. :* sa.
3. Guillaume de Sonnac, grand maître de 1247 à 1250.
4. Il s'agit de frère Rocelins de Fos, qui, en 1252, était maître du Temple en Angleterre; il fut envoyé par le roi Henri III, cette même année, auprès de Blanche de Castille et en Gascogne, à l'occasion de la trêve intervenue entre les rois de France et d'Angleterre; il avait l'entière confiance de son souverain, et pendant son voyage en Gascogne il fut chargé des missions les plus délicates. Il fut ensuite maître des maisons du Temple en Provence et occupait encore cette charge en janvier 1274. (*Roy. and hist. letters... of Henry III*, t. II, p. 69, 71, 76, 91-2, 391; Delaville Le Roulx, *Arch. de Malte*, p. 183, note.)

mer, el covent ve quel maistre l'ay mande per mala volentet, e sens razo li vol fer durte, lo covent l'en pot retenir, el maistre lo n'a a hobeir.

XXIII. (*Fol.* 14.) — El e use en nostra maiso que quant hom fa frere capela, e en loc hom age chapelan, hom li fa faire sa promesio sur l'auter, e quis vol hom pot fer frere [capelan] axi com d'un autre frere sens ajenulier. Ço es la promisio que il fa sur l'auter : (*Suit le texte donné par M. de Curzon aux* §§ 274-278.)

XXIV. (*Fol.* 21 *b.*) — 232. *Ajoutez* : La Xᵃ es sodomita.

XXV. — La XIᵃ chosa : qui laxa chastel marcha sens congé.

XXVI. (*Fol.* 29 *b.*) — Frere G. de Cardona[1] ere comandaor en (en) Arago, e tint japitre (e) a Monso[2], e gita .ij. freres defors per fer baylies, e demanda aus freres, e .j. prodome dist : « Je ne m'en acor a nuil. » El comandaor li demanda per coy (*fol.* 30); e il dissoyt que no li senbloyt suficiens, car il n'avia en zel chapitre quy siriont pus suficiens que nuil de [ze]us que eron defors. El comandaor comanda qu'el s'acordas a un de zeus. El frere dist : « Ço no es pas razo; e pus vos fetes le comandament, je m'acort a zel, per lo comandament a tenir. » E apres li comandaor vint deça mer; e frere G. d'un Mont trepassa lo comandaor deu comandament[3] que aveit fait en chapitre; e el no avia este en sen chapitre on lo comandament fo fayt; el comandaor neya que noho avie fait çest comandament. E frere G. dist : « Il y a freres qui y furent en zeu chapitre. » El maistre comanda, si avoit nuil frere qui aveit (*fol.* 30 *b*) este en sen chapitre, que venist avant. E u frere que y avie este an chapitre dist au maistre : « Sire, çesta chosa fo en chapitre; volem que vos nos asenes si podem dire chosa que sia fayta en chapitre. » Eu maistre dist : « Oïl, quel

---

1. Guillaume de Cardona était maître du Temple en Aragon et Catalogne vers le milieu du xiiiᵉ siècle; deux bulles d'Innocent IV des 30 avril 1247 et 18 mars 1250 le désignent avec ce titre. (Barcelone. Arch. d'Aragon, bull. leg. XI, nᵒˢ 30 et 50; texte dans Prutz, *Entwicklung und Undergang des Tempelherren ordens*, Berlin, 1888, p. 283.) Nous avons de lui un acte scellé du 21 mai 1251. Le sceau est au type équestre avec la légende : « S. Ministri Templi in [Arag]on. et Catalon. » (Arch. d'Alcala, ord. de Saint-Jean de Jérusalem, langue d'Aragon, leg. 171, comm. Ambel.)

2. Monzon, Espagne, place forte des Templiers, prov. de Huesca, entre Saragosse et Lérida.

3. *Corr.* : lo comandament deu comandaor.

maistre, o zelui qui est en son loc, pot ben comander en chapitre
que, si noveleta a este fayta en autre chapitre, que la diant devant
lui en chapitre. » Le frere que avoit porte garentia a l'autre e dist
que il aveit descubert chapitre ; eu frere no vol repenre lo comandaor, et dist que ço (que avie re) que dit havie per asenament deu
maistre qu'el aviet dit davant le covent, e fon gite defors. Eu
covent dist qu'un frere puet ben dire per les gens (?) que desus
son dites ; eu frere fo mis en pays. E fou demande a frere G. que
li (fol. 31) aveit dit ço que li aveit este dit en seu chapitre, e frere
G. dist que .j. frere, eu frere estet mort. Eu comandaor et frere G.
for[ent] mis en respit.

XXVII. — El aviet[1] que freres forent mis en penanze a Safet
.j. dimenge, e lunsdi frere deu Chastel Pelery vindrent, e l'endema
preyaren le comandaor de chivalers que, per amor Deus, que
demandas los freres. El comandaor demanda aus freres. Eus freres
levoren les per amor Deus. Eu maistre cant o sabe (fol. 31 b) fetz
criar merçi a toz çeus qui s'eront acordes au lever, e fols engarder
falia. E fon dit que nuil frere que no preyest per frere, [si] doncs
no era molt viel om ; e fon dit que no era razon que frere que fos
en penance fos leve la primera setmana, si doncs no era malada,
o per prey[e]ras d'aucun prodom, ric om, e amic de la maiso.
E so fo eu tems de frere Tomas Berart.

XXVIII. (Fol. 33 b.) — [E]l maistre ne pot fere nuil comandaor (fol. 34) des provinces si no per chapitre general, ne venir
deça mer, ni oster, sens chapitre.

XXIX. (Fol. 34.) — 579. E si visitaor ha oltramer[2], lo comandaor de la provinzia deit totes çes choses e bestes mander au
maistre e au covent axi com de l'autra[3], salv la roba de jasir e de
vestir que det doner por Deus.

XXX. (Fol. 34 b.) — Can frere capella mor deça mer, tota la
roba els libres son deu maistre, e oltra mer del comandaor de les
provinzes. (Cf. 563.)

XXXI. (Fol. 35 b.) — Si alcun frere va a oltra mer (fol. 36)

1. *Corr. : avint.*

2. Le copiste a passé un membre de phrase dont le sens est : *et qu'il
soit mort.*

3. Les mots *com de l'autre* se réfèrent au cas prévu dans le § 578.

sens conge, el jorn qes partey de la mayso se recuil en la nau, es
partey del port, el frere se repent de la falia que el fa, el deyt dire
al senyor de la nave e als autres prodesomes, e dir lur [co]ment
est parti e que s['en] repent. Si la nave pren port en aucun loc, el
ne det exire de la nave si doncs el loc [n'avia m]aiso nostra; lors
poreit exir fors e aler a nostra maiso e no a altra part, e parler ab
lo comandaor e ab los freres que serion la, e preyer que ills
envieson charta au maistre outramer, e com el es porte en la nave
e en sel loc, e coment se repente de ce que il a fayt. Si no i a
maiso nostra, el ne det de pendre[1] dela nave. E si il pres port en la
terra que sia comandament de son major, det aler vas son comandaor al pus dret chami que il pora de maiso en mayso; e si no
troba nostra maiso, det auberguer en (fol. 36 b) maiso d'om de
religio o de clergie o de prodome, axi com es dit en nostra religio
en nostra maiso. Cant il sera davant son comandaor, il det criar
merci de sa falhia, e tot ce li det estre conte axi com çel qui jay
.jª. nit defora la maiso sens conge, si es ausi com desus e[scri]t.

E si la nave pren port en autre [loc] en la terra où lo frere sera
parti, il nos det par[ti]r de la nave jusques seyt en Acre. E lors el
det preyer lo senyor de la nave et aucuns autres prodesomes que
vagen ab lui per davant li maistre, e dire au maistre coment li
frere s'es porte en la nave e preyer per lui. El frere det crier
merci al primer chapitre que il sera de sa fallya. E si la chosa seit
ausi coment seit certa, hom ne li pot aler, sino a l'abit, per so car
il se repent de so que il a fayt; e si fos en terra, il fore torne a son
comandaor. Mas qui es en nave ne pot fere a sa volente. Mas si
lo frere, can fo en Acre, ales a l'Espital o en autre (fol. 37) loc, e
jausse una nuit fora, a an e a jorn. E si tenese plus de .ij. nuis las
chosas de la mayso, il agra perdua la maiso a tozjors mays. E si
frere partise de la maiso que fos luin de la mer, que jausse una
nuit ans que entrase en la mer, [c]ar la mer no li es conte cor per
.j. jorn, e si il se [par]tit per enten[zon] de laxer la maiso e se
meteit en la nave axi [com] de[sus é]s dit, e que el no ausse chosa
de la maiso e venise dret a nostra maiso a Acre, ensi com desus
es dit de l'autre frere, e que no ausse jay deça mer ne dela mer
nulla nuit, hom no li poreit aler sino a l'abit. E si avest este una
nuit ans ques recolise fora de la maiso, o depus que el seyt en
Acre jay una nuit fora de la maiso, el aureit perdua la maiso
per so car aveit este fora de la maiso, e te nullas chosas defen-
duas pus de .ij. nuis. E ayço a este avenus aucuna fes.

1. *Corr.* : dessendre.

XXXII. — Si aucun frere se part fora ou el sera sens conge de son comandaor, e di que s'en ira al co- *(fol.* 37 *b)* -mandaor de la provinzia, hom no li pot aier sino a l'abit. E si lo frere qui lo chami te no trobe maiso nostra, el deit alberguer en maiso d'om de religio, o de cler[gie], o d'aucun prodome; e aso no li d[ei]t estre conte, mais per .j². nit. M[a]s si l[o] frere exi fora de chami, e qu'el no tenc se[l] chami quels autres freres devent tenir, e ja[i]ga .ij. nits fora de la maiso l'una apres l'autra, il seret [a] an e a jorn. Mais si il se parteit per entenzio de laxer la maiso, se il aveit ren perdu de son arneis o de las chosas que aureit treitas de la maiso, il aureyt perdua la maiso segons los establimens de la maiso.

XXXIII. — Il es dit zayns que tota chosa que frere deu Tenple faza oltra la defenza deu maistre o de son comandaor, e damage en avent de .iiij. deners *(fol.* 38) en sus, l'abit es en la volente deus freres.

XXXIV. — Tot frere deu Tenple doit estre creu [del] profit (?) deu Tenple de nostra maiso.

E le frere det egarder [ca]l chosa peu.. ser essy, car si la chosa no ere [en]si com il diret, hom li esgardaret falia [se]gons que seret la chosa que el aureit dita; .... il poreit dire tel chose, poret hom fer sen damage.

XXXV. — Il est acustume en la maiso que, quan .j. frere fa apel, que tuit y deve[nt] aler. E si alcu senbla quel frere no pusca fer lo comandament, yl lo det dir, e selui s'en det ester. E se no s'en volia ester, hom li pot esgarder falia, sau son abit. E si a aucun que deuse fere lo comandament, e ne y a que autre frere y ausse que lo volguiese fere, e no sen volguies ester, yl det depar- *(fol.* 38 *b)* -tir les freres, e garder çelui frere (e) els autres que no pusqen salir, si doncs no era gran damage de la maiso se il s'estave de fer lo comandament; adont il det dire a aucuns prodosomes que fasen selui frere zeser. E se il [no] s'en vol ester, lo maistre o autre frere que soyt sor eus, el maistre est en [l]a maiso, elli deven far a sauver. E si n'aya nuil [que sor]eus set, les freres se deven asenbler e regarder quel det fayre li comandament segons los nostres establimens, e aler au comandament de selui qui lo deit fayre, e far son comandament.

XXXVI. — Can les freres sont en albergues e se ten covent, en qualque loc quel covent venya auberguer, pres de chastel o de vila, si quel covent venya manger a maiso, devent toz les freres penre conge au comandaor de givalers de covent; e el det fere toz les comandamens quel comandaor de *(fol.* |39) chivalers det fere la ou meneschal no es. E si le covent es albergue luin de la maiso, eu comandaor de chivalers y ve, il no a poeer si no axi com un autre frere.

XXXVII. — Se .j. frere a paroles l'un ab l'altre, o repr[enia] fora de chapitre l'un l'altre, aucun prodome les [v]ult [m]etre en pais, il lo pot fere sils freres s'[i a]cordent que avien aues les paroles. El est use que si un frere era use qu'el parlasa ab freres ab chascun per se il deseyt mal, e puis hom y ave, si .j. frere lo reprenia, hom li poria esgarder falia, salv l'abit, si ben il neyava so de que il era repres, pero qu'el frere ne fos costume, per so car di les paroles en conseyl e di mal al prodosomes, e ne le cuida com li pusca esgarder falia, car .ij. freres ne le poent acenier segons nostra costum.

E per so fo establit que nuil frere que fos conzeliador costumer qu'el freres s'en clament *(fol.* 39 *b)* e que hom l'en avie chastie que .j. frere l'en pot ausi repenre. E si per so no s'en volie chastier le maietre l'en pot fere durte.

XXXVIII. — El est use en nostra maiso que si .j. frere cria merci d'alguna falia, e hom li esgarda .j. venredi, e par la desho[be]dienzia que a fayta li pot hom esgarder altre venredi, e penre altra disciplina, o plus gran fallya quis vol. E se alcun frere cria merci, e li esgardon .j. venredi, e en zel (zel) chapitre d'altra falia cria merci, e li esgardon altre venredi o .j. jorn, el det fere lo primer venredi que li fos esgarde, si doncs no era tantost mis en sa penanze, car el det fere cella primera, e can sera leve de terra jeuner lo venredi.

XXXIX. — El es establi que nuil frere no det penre comande de nuil hom que no set de nostra religion sen conge de son comandaor; e quant hom la pren, si det dire le frere que la penra que, si la comanda se pert en nulia manera, que lui ni la maiso no fos tengu de rendre *(fol.* 40). E ensi est entendu deus freres qui sont sobrel bestiar. E zeus qui reeben les comands devent aver escririet[1] que reeben, e de coy, si doncs selui qui fa la comanda

______
1. *Corr. :* escript so.

no vol metre .j^a. uxa el tresor, e que il tenya la clau o beazes o sac
que [sia] seelle de son seel, e comanda de qui la [cho]sa es. E si
coma[n]de bestiar, det se fer ab escrit, ax[i com la] chosa est
enprisa enfre eus.

XL. (*Fol.* 48 *b.*) — [C]an lo Turcoplirs ha mester de Turcoples,
il en det parler au mereschal, e per li endret retenir la quantite
que il dira. E si retent Turcoples a .j. an, a charite [aur]a .iij. besants
al chep de l'an. E a l'ivern, li det doner cota, e chamisa, e brayas
causas, et .j^a. garnacha de baria que li pot prester, e .j^a. esclavina
per cobrir sa besta quan les freres renden les lurs ; e ausi en esti [1]
det aver charite. E si ista demis an, il det (*fol.* 49) aver la mita
de charite segons sa sayson. E si il rete Torcuplers [2] a sou, il det
garder ses armaures ; e si s'avent ab quels del sou e del restou [3], el
det metre en escript lo tems del restou ; mas no det estre de tant
de pres can la besta val, e ausi det estre mis en escrit.

XLI. — Il avint que il ot fayt en la maiso .j. frere givaler qui
avoy nom Oliver, et no era fil de chivaler ni de dona ; e vent deça
mer e fo repris de çesta chosa, et font atent, e hom esgarda li a
perdre la (la) maiso. Mays, per so car il avoyt gran pesa estoyt [4]
en la maiso, le maistre els prodomes de la maiso acorderen se
que hom li dixes que il avia perdua la maiso, car il ere frere com
no devie, e que, sy il volie remanir a la maiso, el convenrie que
il fos (*fol.* 49 *b*) frere serchant ; e aquesta bonte li farien les prodomes de la maiso. E il prega por Deu que hom li donas conge
que el [si] feses ordener a prevere ; e le maistre el covent li ator-
garent e feren li aquesta bonte que el [si] feses ordener a frere
chapela. E azo fo fet en chapitol general.

XLII. (*Fol.* 49 *b.*) — El avint en Catalunnya que .j. frere fist
falsa bolla del penedençer del papa per mal d'[a]utres freres de la
terra et blasmant eus. Ce[lui] frere apella autres freres e lur dist
si li tend[rien] conseyl, e il li autreyerent e li promeserent. [E]
lors lus mostra las cartes ab les falses bollas, e dist que il las avoit
faytes fare e la chosa per que. E .j. dels autres freres li dist : « Vos

1. *Corr.* : este.
2. *Corr.* : Turcoples.
3. Le *restor* était une somme payée aux chevaliers et écuyers pour
l'entretien et le renouvellement de leurs chevaux et mules. (*Assises de
Jérusalem*, I, p. 613.)
4. *Corr.* : este.

faytes mal et mal vos en vendra »; et puix partis del conseyl. Et
blasmerent las chosas que il aveit faytes, et no volgren autreyer
las (*fol.* 50) chartas ni las bollas, ni n'en parlerent au comandaor
ne a nuil autre frere, ni no destorbaren que ellas no fosen mos-
trad[a]s. El frere mostra las chartas el chapitre general de la terra;
et quant lo comandaor eus freres virent çesta chosa, sint forent
molt coroçes. El comandaor manda que toz les freres que re y
sabien de ceste[s] chartes coment forent faytes, que viguisent
avant. Els freres vindrent e distrent les choses coment faytes; e
hom demandet l[o]s si aviet pus freres, e il dist[rent] que oil,
e... no est E... el comandaor fist los criar merci de cesta chosa,
e il distrent que no avien cosenti en çesta chosa, e que lur pesave,
e foren mis en respit per davant le maistre d'outre mer el covent,
e partils hom per las maisons que la un no fos ab l'altre, e
comandals hom que no pasasen la porta jusqu'al pasage del co-
(*fol.* 50 *b*) -mandor. E quan lo frere qui las chartes aveit
faytes vit ço, il laxa la maiso e s'en ale. El comandaor fi venir le
frere que no avia este au chapitre, e dis li per que no avie dita
çesta chosa? E el frere dis li que il aviet blasme a çest fayt, e al
frere qui aço avie fayt, e que nos cuidavent que les choses vin-
guiesent avant. El comandaor fist li criar merci de cesta chosa.
E qu[ant] lo comandaor vint deça mer, e los amena ab si, e [i]ls
criaren merci en Acre au chapitre general ax[i] com les choses
eren aleas. E .j*. partida deus vie[ls] hommes de la maiso distrent
que aço eren com[unes], e autres distrent que no eren pus que ils
no s'eren autreyes. E la mayor partia del chapitre s'acorderent que
hom los presist lur abit, e que hom los tenguies longament en
penança, e que james no fos nuil en la baylia d'Arago, et que la
un fos en .j*. terra e l'altre en altra, per que jamas ne fosen ensems,
per so (*fol.* 51) car els no ferent sen poer de destorber la chosa, e
no o distrent au comandaor o autre frere qui lo poese destorber.
E de çelui qui exi del conseyl e blasma la chosa, per so car el era
sinple ome, et ques cuidave que la xarta non anas avant, fo li laxe
l'abit por Deus. E si nuils d'els autreye, el fore tenu a comuna e
agren perdua la maiso. E aço fo per davant le maistre frere Tomas
Berart.

XLIII. — Lo comandaor del Mas-Deu [1] comanda à un frere ques
preses garda d[e] blat de la era. El frere n'en done .j*. mesura sens
conge; e fon dit au comandaor. E il de[man]da al frere se il aveit

1. En Roussillon.

vendu d[el blat, e] il dist que no. E pus le frere fo atent de ço, en cria merci au chapitre, e perde la maiso per so car il lo neya au comandaor; el venc sens conge e despis los dir[1].

XLIV. — Frere Gi[2] de Basenvila era comandaor de França, e .j. frere exi de la maiso per la murallya. Eu frere fo repris de çesta chosa, e cria merci en chapitre, e fo mis en respit (*fol.* 51 *b*) tro n'eusen asenament de maistre e deu covent, per ço car ils no cuidaven que nuil frere ne perdis la maiso si no era en castel de marcha. El comandaor vin deça mer, e manda au maistre e au covent, et fo li dit que frere que isqes de maiso closa per altre loc que per la dreta porta, que il a perdua la maiso. Ensi fo mande en França ou li frere era demore, e perde la maiso. E aço fo a Cesayre per davant le maistre frere Renaut de Vixer[3].

XLV. — .I. sergant requist la [c]ompanye de la maiso, e hom le fist frere. E puis .j. [senyor] lo demanda per ser sierve; e zelui qui era frere autreya que era verite. E fist li om criar merçi de çesta chosa. E per ce car il avey menti en son chapitre cant hom le fe frere, hom le leva l'abit, e rendel hom (*fol.* 52) a son senyor, e ah perdua la maiso. Aso fo a Damiata davant le maistre frere G. de Saonay; e la reyne avoy paye por lui que hom le feise frere[4].

XLVI. — Un frere que avie nom frere Johan Plantarosa laxa la maiso el regisme de Jherusalem, e ale s'en en Pulhya; et a chef de tems il revint, e cria merçi a la porta, axi com es acustume a la maiso. E feist li hom demande per qual chosa il avoyt laxea la maiso, e ou s'en estoyt ale. E il dist que el s'en ale por ce car il avoit feme, e que il aveit esteit ab lui depuis que il aveit laxea la maiso, e hora ere morta, e per so voloit retorner à la maiso. E la parola vint au chapitre; e fo demande a frere Joufre de Fos[5], e il dist que il era costume que nuil frere no deveit estre

---

1. *Corr.* : el vendet sens conge, e despois lor dis.

2. Du Chesne (*Hist. Franc. script.*, V, 272) publie une lettre de Guy de Bussainville à l'évêque d'Orléans sur l'état de la Terre Sainte au moment de la croisade de Philippe-Auguste. Il semble avoir été grand commandeur du Temple à ce moment.

3. La mention du grand maître Renaud de Vichier limite le fait raconté ici aux années 1250 à 1252.

4. Guillaume de Sonnac, grand maître du Temple de 1247 à 1250. Le séjour à Damiette de la reine Marguerite, femme de saint Louis, se place dans l'été de 1249, et date ainsi exactement cette anecdote.

5. Geoffroy de Fos figure, comme témoin, dans un acte d'octobre 1252. (Delaville Le Roulx, *Doc. sur les Templiers*, p. 30.)

creut se il se mentoit[1] chosa sur se per aver *(fol.* 52 *b)* comune
de la maiso. Els autres distrent que pus que il diseit que il
avoit fema quant il vint à la maiso, dons fo il perjur, car il neya
la verite cant il fu frere, cant hom li demanda si avoit fema, e
per so s'acorderent tuit que il perdes la maiso. E azo fo a Safet
per davant frere Tomas Berart[2].

XLVII. — Il avint que .iij. freres criaren merçi en la priso
d'Alapa. L'un dist que .j. frere ere malado en l'enfermeria e morut;
e celui frere pres l'ausbert de celui. E l'autre [pr]ist .j. chapel de
fere d'un frere qui s'en alava a oltramer, e rendi lo sen en loc de
zelui. E l'altre frere porta lo fren de son chaval a la chabestreria
per adober; e per so car hom deveit fere chivalchea, el sen fre no
ere adobe, hil prist .j. altre fre. E chascuns de cest .iij. feren aço
sens conge. Les freres que *(fol.* 53) eront en la priso, on avie molz
de veyls homes, e sabien molt del fait de la maiso, distrent que
s'eus eusent crie merçi de çestes choses al covent que hom los
pogra aler a la maiso e noter a larezyn, per so quar est costume
de nostra maiso que nuil frere no deyt pendre arnes d'autre sens
conge, e car els l'avien tenu tan longament hom los pogra aler
a so que davant es dit. Mais per so car eus erunt en priso, e
avien ases de pena e de mesayse, laxaren paser la chosa axi que
no lur fo esgardea altra falya. E can vindrent de la priso nuil deus
freres n'en parla per so car les freres qui la falya avien fayta eren
prodes homes.

XLVIII. — Il avint que frere Gueraut de Sauzet[3] era comandaor
de la terra d'Antiocha. Eu Souda[4] exi ab tot son poder de Babilonia e ven *(fol.* 53 *b)* s'en en Antiocha. E avant que il fos en
Antiocha, le comandaor trames au maistre que il avie entes quel

---

1. *Corr. :* metoit.

2. Nous savons que Thomas Bérard était grand maître dès octobre 1252;
il mourut le 25 mars 1273; mais, Safet *(Chastelblanc)* ayant été déman-
telé en 1271 par les Musulmans, le fait raconté ici ne saurait être posté-
rieur à cette dernière date. (Delaville Le Roulx, *Arch. de Malte*, p. 181,
n° 79; *Arch. de l'Or. lat.*, I, p. 390; G. Rey, *Monum. de l'architecture
milit. des croisés en Syrie*, p. 92.)

3. Ce personnage, originaire du diocèse de Limoges, était déjà précep-
teur d'Auvergne vers 1280. Il semble qu'il ait occupé cette charge jusqu'à sa mort, survenue avant le procès des *Templiers.* (Michelet, *Procès
des Templiers*, passim.)

4. Il s'agit du Soudan d'Égypte Malik Daher Rokn eddin Bibars Bon-
dokdari. Son expédition contre Antioche se place en mai 1268.

Solda exie de Babilonia, e que hom deye que venrie en Antiocha,
e que per Deu li fos que li trameses gens [e] autres choses que
a li avie besuyn e a garniso deu chastel, que de tot avion
defauta à Gasto[1]. Eu maistre trames li a dir que sil Solda anave
ves Antiocha, el li trametrie gens e so que besuyn h[i] fos, e que
il saveit queu Solda aveit trames ves Antiocha e no y fareyt mal.
E sur so lo Solda vent davant Antiocha, e pris la en la ve[nua],
q[ue] no i esteit mais .ij. jorns que la ac prisa.

E, cant lo Solda ac prisa Antiocha, les freres qui eront a Gasto
foront molt esmayes, e no saveren que so deusen fere, per ço car il
no avien rien d'arnes ni autre conseyl que a besunya a garniso de
jastel. .I. frere de layns, (*fol.* 54) que avie nom frere Guis de Belin,
mentre queus freres menjaven, monta en son chivau e pres les cleus
del chastel, e porta les al Solda, e dist li quel chastel de Gasto era
seu, car los freres dedins lo volien desenparer, e se il y anave o i
trametie : « E veus las cleus del chastel que yos e aporteas. » E quan
lo Solda vi so, el manda gran gens. Els freres el sergant qui y erent
distrent au comandaor que... consel pendryen, car b[en] veyen il
que no se porien de defendre. [E]u comandaor dist que il se defen-
drie tant cant yl porie, e sereyt a la volente de Deu. Els freres
distrent que farien ço que il volrie ni comandarie. Eus sergans
distrent que eus s'en yrien; que pus que eus visent que nos
poguesent de- (*fol.* 54 *b*) -fendre, eus no y volien morir, e volien
s'en aler. E sur ço le comendaor eus freres agren lur acort que, pus
la vila d'Antiocha era prisa tantost, els no avien rien d'arnes ab
ques poguiesen defendre, nil maistre nols porie dar secors, eu Solda
savie(nt) lur afayre, que mes valeit que ils se salvasent, e gastasent
ço que ere en chastel, que no faroyt siu chastel el[2] eus perdist. E
convengro que portarient a la Rocha Guileuma[3], que se restau-
rari[a], car la Rocha Guileuma era mal establia; e z[o f]o lur acort.
E cant ilz virent las gens deu Solda, els desenpararen lo chastel,
e portarent ço que poguierent, e gastaront ço que pogront del
romanent, e no tot; e axi fo desenpare e gaste.

E quant (*fol.* 55) le maistre eus freres sauerent que fo prisa Antiocha, eus freres agren gran dolor, e agren lur acort sobrel feyt de

---

1. Château-du-Fils, château s'élevant sur un des contreforts de l'Ama-
nus, d'où l'on découvre Antioche.

2. *Corr.* e.

3. La Roche-Guillaume ou la Roche-de-Russole, château d'abord pos-
sédé par la famille de la Roche et ensuite par les Templiers, près d'Antioche et de Port-Bonnel.

Gasto ; e l'acort fo aytel que be veyen que Gasto no s'porie tenir, ni els no porien trametre socors ; e fo lur açort que ils tramesisent .j. frere astyvament, e portas .j. gonfano. E can fos al Souda, que alas pres de terra (?) que si Deus aveit tanta de gratia donea au comandaor e aus freres que els eusen desenpare lo chastel, e que eus freres fosent en la montanya q[uel] o pousent veer e que, se nuil venise a lui, que los recolis; e si no aviont desenpare lo chastel, que il y entras, si fer ho podia, o y trametes e que los dixes, del part le maistre eu covent, que ils desenparasen lo chastel de Gasto e que s'en anasen a la (fol. 55 b) Rocha Guileuma ab tot so que s'en porien portar, el sobrepus gastasent tot ; e de ço portave letres de crença. E qant il fo la, frere Pelestort, qui anave per mesage, trova que ils [avien] desenpare lo chastel, axi com es dit desus.

E can lo comandaor eus freres foren en Acre venus, yls criaren merci, cor avien desenpare lo chastel de Gasto sens conge, ensi com es dit desus. Eu maistre fist en demanda ; e .j^a. partia deus freres distrent que ils avien perdua la maiso, per so qar est dit en nostra maiso que, qui desenparara chastel de marcha sens conge deu maistre eu covent, que la maiso ne li pot demorer ; e l'autra partia dient que no avien perdua la maiso per zo car (fol. 56) ils aviont fayt ço que avie acorde le covent ; e ja fos so que no auesent aut le mesage quel maistre avie mande, a la totes fes el aviont fayt ço que lui el covent avion acorde, e avant qu'el frere qui [an]ava fos partit d'eus. Eu meysme chapitre preyant Deus le maistre e toz les freres qu'els ause Deus tant de sen done au comandaor eus freres que ils ausen lo cha[stel] desenpare, e avuiem mande au frere qu'i alanala. (sic) si'ntrobave nuil que les reco[lis] ? Donques sils freres eu comandaor a fayt ço que o maistre eu covent s'acordaven, ab quinya conciencia le pot hom gua[r]der tal falya encara ; part aço que ils eren p[oy] de gens, e a ycels poys de sergans que ils aviont s'en voliont [a]ler, e que .j. frere [s'en] ere ale au [Sou]da e [li] av[ie] portees (fol. 56 b) les cleus deu chastel... avie... encara que no avien nullya chosa que los fos besunya per [garnizon] deu chastel. E per çestes choses desusdites no lur era avis que hom lur deust [es]garder fallya . . . . en nostra maiso que [1] . . . .
. . . .
. . . . (fol. 57)
tot lo fayt escrit ensi com desus es dit. E lur acort fo tel que, segons les [establimens] deu Tenple, lo comandaor et toz lo [covent] s'acor-

1. A partir de cet endroit, le manuscrit devient absolument illisible.

derent a desenparar lo chastel de [Gas]to sens conge e sens ço
queu chastel n[o foss]a aseges ny hasalit ....., or lo desenpararen,
que eus arien perd[ua la ma]iso, si no fos per so, car le maistre
el c[ovent s'a]corderent que mandasen au comandaor e ..... de
la terre d'Antiocha que ... us ..... ra presa que desenpara[re]n
Gasto ; e encora tuit preyaven a Deu que lur don[e]s tant deu teni-
ment que eus l'eusen ja desenpare. E doncs pus que yls fayeren
zo que vos voliez que fos[s]a fayt, nons es senblant que fos ben
fay[t] que els perde- (fol. 57 b) -sen la maiso, ja sie ço ques pusque
fayre per rayso. Mais por Deus e por piete ; et car es novela chosa
e car le maistre el covent volguierent que ja fos desenpare, nos
acordomes que ils no perdan la maiso. Ma[is per] ço car yls ne
gast[e]rent tot zo que e[ra] el chastel, nos acordarien que fosen
an e jors. Ço es nostre avis, mays vostre sen es tan gran que nos
nos metreiem part vostre avis. Mays a nos es sembl[ant] zo que
nos vos avem mande ; mays farez ensy com senyors. E cant le
maistre ac lur respost, ello mostra al covent, e cominaltmen
tot lo covent tengren azo que eus avion mande. Ensi fo esgardea
la falya de Gasto.

XLIX. (Fol. 58.) — Il avint que .j. frere laxa la maiso en Proenza
e no s'e[n] porta nulya chosa que porter non deussa, e demoret
en segle ; .j. frere troba lo, e pris lo, e amenal a nostra maiso, e
mis lo en .j.ª chanbra. E cant les freres menjaven, yl troba la
p[ort]a de la xanbra aberta, e prist .j.ª espea, e vint a la porta de
la maiso... El portyer ni autre no le dist ryen, e ala s'en. E cant
vint a chef de tems, yl vint a la porta criar merzi, e volc recobrer
la maiso. Eu comandaor frere Rozoly[1] fist ne demanda aus
freres ; e .j.ª partia distrent que deveyt recovrer la maiso per so car
il laxa la maiso que il no aveit rien(t) porte ; e l'autra partia dist
que yl aveyt perdua la maiso per so que .j. frere le prist el mis en
(fol. 58 b) una xanbra, e zelui s'en ana et portan .j.ª espea, e per
l'espea que s'en porta e no la rende deyt aver perdua la maiso ;
e aso s'acorda la maior partia. E puis fo demande au comandaor
frere Rosoly : il dit que la falya aveit este gardea segons les establimens de la maiso.

L. — El avint que frere exi del xastel de Tortosa[2] per entenzio
de laxer la maiso, e ala a l'Espital. El jorn mismes a la maiso el
cria merçi, els freres li laxeren l'abit por Deu. Apres le frere

---

1. V. plus haut, p. 15, note 4.
2. Ville épiscopale du comté de Tripoli, possédée par l'ordre du Temple.

demanda a nostre maistre asenament si frere que tel manera lexet la maiso si perč honor, e que no fos en eleczio de maistre. Eu maistre dist que pus que frere feist tant d'onte a la religio qu'el paset la porta per entenzio (*fol.* 59) de laxer la, que no seyt en eleczio de maistre; car axi est establit en nostra maiso.

LI. — Frere Po[n]s de Gusans laxa la maiso en Proenza e prist fema, e, a chef de tems que sa fema fo morta, il requist la maiso tot de novel. Eus freres distrent que yl aveyt este nostre frere, e yl no poet torner a la maiso, si no fazeit enans sa penanze. E il dezeit que no aveit fait vot ne promesio; mais verite esteit que aleit en la Santa Terra e fo malade en la nave, e requist la maiso, e hom gita li lo manteu desus com a la mort, e no fist vot ni promesio; mais ver es que el usa coma frere, e fo Torcuplez[1] deu covent. E pus fo li avis que il no esteit tenu de res au Tenple, e posa le manteu, e (*fol.* 59 *b*) rende tot ço que devet rende, que no porta nulya chosa, e usa coma hom fet, e hora voleit estre frere. Eus freres distrent que pus yl av[ei]t tant este en la maiso, si [b]e yl no aveit fait promesio, si est tenu axi com frere; car dret es que, si un hom voleit estre en religio, en çela en que a esprove el a estet plus d'un an e d'un jorn qe el no s'en partise, hom no li dona conge ni çeluy frere ne s'en pot partire de la religio, car ell a p[ro]ve zela religio per bona, eus freres lui per bo, e dient aytant valer, e segons dret d'esglesia, com se yl aveit faite promesio ha ordens qui ont esprove. Eus freres distrent qe si be el dizeit que no aveit fayt promesio, el no seret pas creu ni deveit pas estre. E fo mis en penanze d'an e de jorn, e fist sa penance, e recobra son abit.

LII. (*Fol.* 66.) — Le maistre avoit mandes freres en la terra de Triple, e foren partis per les mandres[2] e frere cria merçi a m[aistre], e fu mis en respit per davant le comandaor. E apres los freres parlaren e distren que la falya era petita, que meus fore que fos esgar[d]ea que misa en respit. E apres en dimenge lo frere [cr]ia merci, eus freres esgarderen li la falia; e aucuns freres parlaren de zesta xosa, [et dixtrent que] (*fol.* 66 *b*) nulya falya que fos misa en respit per davant le maistre hol comandaor de .... nos podie

---

1. On ne savait pas jusqu'ici que Pons de Gusans eût été turcoplier; c'est un nom à ajouter à la liste publiée par M. Rey. (*L'Ordre du Temple en Syrie et en Chypre*, p. 23-4.)

2. La Règle défendait (§ 320) aux Templiers de pénétrer sans permission dans les fermes.

esgarder sens eus ; e al[tres] distrent que si poy[nt], pos que la falya n[o] era de la maiso ni de l'abit ni x[osa] nov[e]la, que covenise asenament ; e de [so] fo demande asenament au meistre, e .j^a. carta del[s] prodesomes de la maiso. Eu maistre dist que pos toz los freres que foren au primer xapitre ou la falya fo misa en respit, e cant en l'autre xapitre ou la falya fo esgardea, e la falya no era de la maiso ne de [xo]sa ou ause asenament besunyua, be s' podia esgarder la falya ; mais si la fallia fos de las xosas da[vant] dites, o que li frere qui furent au (fol. 67) primer xapitre salisent que no fosent en l'autre xapitre, la falya nos se pogra esgarder si no davant zelui en q[ue] era mi[s] en respit. E azo s'acorderen tos los autres.

LIII. (*Fol.* 67.) — Un frere [c]lama merci davant le maistre frere Tomas Berart[1] d'una falia. Eu maistre demana li si ço de que clamava merzi si sabia que fos defendu. E il dist que oïl. Eu maistre demandan e dist que il no l'agre gitat defors si no fos zo que il dist que il diseyt que saveit que esteyt defendu ço que yl aveit fait ; [car] zo que il aveit fayt no esteyt pas defendu ; e pus que il se teneyt a fali, el l'en av[eit] gite defors. Eu freres distrent que pus (*fol.* 67 *b*) qu'el fazeyt xosa don il cuida falir, que hom li poreyt esgarder [falya] de qualque xosa que ço fos gran o petita. E [a] cestui fo esgarde .j. veredi, e fon dit que aytal fareyt hom a tot frere que [crias merçy] de nulya xosa, que fos gran o petita, segons que la xosa sereyt que il aureyt faite, pus que yl lo fazeit a bon enteniment que ço que il fazeyt era defendu.

LIV. (*Fol.* 69.) — [C]an le ganfanoner o autre frere receu les mayn[e]es, illi deyt demander si solui que il rece es pestre ni a ordens, si es givale[rs], ni est escomunie, e si est sans de son cors per que posa fere lo servi[c]e de la maiso, e si a fayta f[ian]za a nuil hom per que il se fementi ; e le det dire que se nulias de cestas chosas aveyt, hom nol recevreit. E si il neyave sestes choses, et fazeyt sa fia[n]za q[ue] fos ... q[ue e]n lui aus nullya de zes xoses, hom li daret conge, e auret perdue la deserte. E si di que il no a nula chosa per que il no pusca fere lo servizi de la maiso, hom lo pot retenir. E si hom lo retent, hom le deit dire : « Vos prometez a Deu e a nostra dona Senta Maria e a toz sans e a totes s[entes] de Deu que vos servirez be e lealment a la (*fol.* 69 *b*)

1. Cette anecdote se place entre 1252 environ et le 25 mars 1273, dates extrêmes connues du magistère de Thomas Bérard.

maïso a vostre poer jusques a vostre terme, e quan il falirez que vos n'esmendarez[1] axi com est acostume a la maiso. » E l'om det dire : « Sire, asy le promet-je. » Et le frere det dire : « Et nos vos prometemes le pa e l'ayga de la maiso, e de la fayn e del mesayse ases, e de l . . . . . usamenta de la maiso. » E si est a charitee, la pobra charitee ; e si es a sou, seli sou de que seron avenus.

E pus li det li frere retrayre les choses de que lo coven a garde[r] e que il det fayre. E ze sont les choses que hom li det retrayre :

Primerament, que il ne det metre sa man yreament sor nul frere ; ni det ferir cristia de pera ni de basto ; ni dar ma ni de xosa don . . . . . ni may . . . . . poese a .j. colp. Ne det penre ren d'autrui arnes sens conge de selui (fol. 70) qui l'a en garda, en manera que lo neyas, car serie tenu a larazin ; ne det fere xosa per que nulya besta de la maiso sia prisa ; ni maynea [n]e esclave ne det re enbler ; ne deyt tr[a]y[re] de palays .j. pan enter en manera de larezin ; [n]e det fere comuna encontra les maynees ne les xoses de la maiso. E si il fazeyt nulya de zestas chosas damon dites, el serie mes en fers e a les mes[2] qués en serie fruste[3], e aurie perdua la maiso a toz jorns mais de sa vie. E si il fazeit lo damage de la maiso de .iiij. dr. en sus a son escient, o de chosa que sie defendua, el ne sera mes en fers segons que aurie fayta la chosa.

E li det hom dire que il [no] det mentire sa fianza, car, si il lo fazeyt (fol. 70 b), el aurie perdu sen servizi e . . . . dan, e recrie la justizia de la maiso al palays davant totes les maynees. E s'inportave la garnacha de ba[rrie], els solers, ne nulya [chosa de] son maistre ne d'autrui, el en [sereyt] mes [en] fers. E si il jasia .j[a]. nit [defors] sen[s conge], el en recrie la j[ustizia] al palays davant totz, e n[om de] Deu ni de sa Mer[e] ni de Sans [o de Sen]tes, e si o fazeyt . . . . . ren . . . . contra la justizia de la maiso.

E ly det hom dire que il no d[ia nulya vilania] a nul frere ; e si o fazeyt que il en [rec]rie a la justizia de la maiso.

[E] il ne det . . . . . . be . . . .[4]

1. *Corr.* : o ou l'esmendarez.
2. *Corr.* : ves, à la fois, occasionnellement.
3. *Corr.* : fusté.
4. Ici finit le manuscrit de Barcelone.

Nogent-le-Rotrou, imprimerie DAUPELEY-GOUVERNEUR.

www.ingramcontent.com/pod-product-compliance
Lightning Source LLC
Chambersburg PA
CBHW062314070726
47596CB00009B/1934

9 782011 924797